JN437314

베어드 총서 ❶

유혹에 대처하는 기독교인의 마음

명심도

숭실대학교 한국기독교박물관 편

숭실대학교 출판국

유혹에 대처하는 기독교인의 마음

명심도 明心圖 / THE HUMAN HEART

초판발행 2013년 1월 25일

편　집 숭실대학교 한국기독교박물관
현대역 장경남 (숭실대 국어국문학과 교수)
자료해제 오지석 (숭실대 베어드학부대학 강사)
펴낸이 김대근
펴낸곳 숭실대학교 출판국 / 서울 동작구 상도로 369
홈페이지 http://press.ssu.ac.kr

등　록 제 14-2호(1982.1.25.)
TEL 02-820-0772
FAX 02-817-5297

찍은곳 파피레드
TEL 02-555-2458

EDITORIAL 202GRID

값 : 12,000원

ISBN 978-89-7450-298-0
ISBN 978-89-7450-297-3 (세트)

명심도

明心圖 / THE HUMAN HEART

현대문

[일러두기]

1. 본 베어드 총서는 숭실대학교 한국기독교박물관에서 소장하고 있는 『명심도明心圖』(IA2738)를 영인 해제한 것이다.
2. 본서에 수록된 『명심도明心圖』는 숭실대학 설립자인 베어드(W. M. Baird, 裵緯良) 박사가 1926년 번역한 것으로, 원문 크기는 18.7×12.6cm이다.
3. 현대역은 원문에 충실한 직역을 원칙으로 했다.
4. 의미상 필요한 단어의 경우 한자를 ( ) 안에 병기하였다.
5. 현대역은 장경남 교수(본교 국어국문학과)가, 자료 해제는 오지석 박사(본교 베어드학부대학)가 맡아 주었다.

차 례

베어드 총서를 간행하며 6

자료해제 8

명심도 (현대문) 11

명심도 서문 12

명심도 총론 14

명심도 강해 16

명심도를 다시 밝힘이라 28

명심도 (원문) 31

베어드 총서를 간행하며

숭실대학교 한국기독교박물관은 학술 연구사업의 하나로 한국 최초의 근대 대학이자 기독교 대학의 전통을 계승하기 위해 학교사 자료를 수집, 정리 및 자료집 출간사업을 진행하고 있습니다. 본 '베어드 총서' 시리즈는 이처럼 숭실 교사자료 정리사업의 일환으로 발간하는 것입니다.

베어드는 숭실대학 설립자이자 한국 개신교 초기 선교사로 활동하며 교육 · 문서 선교에 지대한 업적을 남겼으며, 그의 부인이자 동역자였던 애니 베어드(Annie L. Adams, 安愛理), 로즈 베어드(Rose May Fetterolf, 裵路使) 역시 한국 선교에 커다란 족적을 남겼습니다. 이 베어드 총서는 이들의 한국 인식 및 기독교 선교사상, 나아가 한국 선교의 발자취를 교계 및 학계에 널리 소개하고, 아울러 관련 연구자들의 연구활동을 촉진하기 위해 발간하게 되었습니다.

베어드는 1891년 미 북장로교 선교사로 내한하여 부산, 대구, 서울 등지에서 선교에 힘쓰다가 1897년 평양을 선교지역으로 정한 후 숭실대학교의 모태가 된 '숭실학당'을 설립, 교육선교에 주력하였습니다. 1916년에 숭실대학 학장직에서 물러난 후에는 문서선교 사업에 전력하며 많은 신학 관련 글을 발표하고 신앙서적을 발간하였습니다. 선교사역 40년만인 1931년 10월 소천하여 평양 장산묘지에 안장되었습니다.

베어드 및 그의 부인이 남긴 선교 유산은 각종 신앙교리서와 논문, 선교보고서, 일기, 서간, 그리고 그의 아들 리차드 베어드가 남긴 Profile 등이 있습니다. 한국기독교박물관은 베어드 자료 일부를 소장하고 있으며, 타 기관 소장

관련 자료도 지속적으로 수집, 정리작업을 진행하고 있습니다. 베어드 자료 가운데 일기, 서간문, Profile은 한국기독교박물관에서 연구 해제하여 「베어드 자료집」으로 간행할 것이며, 중요 신앙교리서와 논문 등의 기타 자료는 대중적 접근 및 활용도를 높이기 위해 본교 출판국에서 발간하게 되었습니다.

「베어드 총서」 시리즈는 향후 수년에 걸쳐 베어드 및 베어드 부인이 국내에서 출간한 신앙교리서 가운데 중요 자료를 선별하여 영인 및 현대역, 해제 작업을 통해 단계적으로 발간할 예정입니다. 한국 개신교 초기 이들이 펴낸 신앙서는 선교사들이 중요시했던 신앙 전파 및 선교 실상을 파악하는 데 유용한 자료가 될 것입니다.

아무쪼록 베어드 총서가 보급되어 베어드 일가의 선교 역사와 나아가 한국 개신교의 수용 및 성장의 역사를 살펴보는 데 도움이 되기를 바랍니다.

2013년 1월

숭실대학교 한국기독교박물관

자료 해제

세상의 유혹과 그 유혹을 대처하는 기독교인의 마음

윌리엄 마틴 베어드 박사가 번역한 『명심도(明心圖)』의 원저자는 요한네스 에방넬리스타 고스너(Johannes Evanelista Gossner, 1773년 ~ 1858년)이다. 그는 독일의 신학자로 알려져 있다. 1811년 뮌헨에서 사제가 되었고, 1826년 가톨릭에서 개신교로 개종하였으며, 1829년 베를린 베들레헴 교회 목사가 되었다. 1836년에는 외국 선교를 위한 고스너 선교단(고넬료 선교단)을 창설하기도 했다. 이 책에는 독일 경건주의자로서 그의 선교방침이 고스란히 담겨져 있다. 또한 역자의 서문에는 이 책이 어떤 경로를 통해 출판되었는지 알 수 있게 독일 선교사 화지안(Ernst Faber, 花之安 :1839-1899)이 밝히고 있는데, 청나라 함풍제 원년(1831년) 중국에 온 독일 선교사 한사백이 고스너의 《Herzbüchlein》(1812), *The Human Heart*를 중국어로 번역해 놓은 것을 독일 선교사 화지안이 서문을 쓰고 출판하였음을 밝히고 있다.

베어드 박사 번역본은 1912년 초판을 발행한 이후에도 1913년, 1914년, 1918년, 1920년, 1923년에 계속 발행되었다. 또한 이 책은「명심도 서문」,「명심도 총론」,「명심도 강해」,「명심도를 다시 밝힘이라」로 구성되어 있다.

「명심도 총론」에서는 기독교에서 마음의 문제를 다루는 이유와 왜 마음의 문제를 그림으로 설명하는지에 대해 기술하고 있다. 또한 공자와 맹자의 말을 인용하여 명심도에서 다루는 것이 기독교에서만 다루는 것이 아니라 동서양 사람 모두에게 적용되는 것이라고 접근한다. 그러면서 저자의 소원이 "모든 사람이 도를 좇아 하나님을 공경하고 정욕을 좇아 마귀에게 꾀임을 받아 죄에 빠지지 않기를 바라는 것"이라고 끝맺고 있다.

「**명심도 강해**」에서는 명심도에 나타난 9개의 그림에 대해 개략적으로 설명한다. 그리고 왜 마음을 그림으로 설명할 수밖에 없는지에 대해 이야기 하고 있다. 처음 그림은 날개있는 사람(착한이 천사), 흰 비둘기, 마음의 눈, 붉은 별, 사람과 같으나 사람은 아닌 것, 돼지 등은 마귀, 붉은 몸은 괴수 등을 설명하고 있다. 특히 일곱 번째 그림은 사람의 마음과 마음 속에서 일어날 수 있는 온갖 생각들을 동물로 비유하여 표현하고 있다. 이것은 가톨릭의 7죄종에 대한 설명이라고 할 수 있는데, 사람의 마음을 일곱 동물을 통해 접근하고 있다. 이를 테면 공작새는 교만을, 염소는 음란을, 돼지는 탐식을, 이리는 재물욕(탐욕)을, 뱀은 궤휼과 시비(질투)를, 호랑이는 강포함(분노)을, 마지막으로 자라는 해타(게으름)를 나타내는 것으로 그려져 있다. 또한 마음 속에 대한 그림으로 눈(지혜)과 별(양심)이 그려져 있고 마음 밖에는 천사와 비둘기(성령)가 그려져 있다. 앞서 언급한 7죄종을 물리치기 위해서는 성령(성신)의 빛을 받아 성령이 마음 속에 거하게 될 때 가능하며, 그 마음은 십자가에 달리신 예수 그리스도를 마음 속에 모시는 것과 같다고 하였다.

「**명심도**」 부분은 9개의 그림에 대해 다음과 같은 제목을 붙이고, 각각의 그림에 대해 간략한 해설을 달고 있다. 명심도의 첫째 그림은 '세상 사람의 마음이 욕심에 빠짐을 의론함이라'는 표제로 되어 있고, 둘째 그림은 '성신이 율법으로 사람의 마음에 비취임을 의론함이라'이고, 셋째 그림은 '성신이 복음으로 사람의 마음에 비취임을 의론함이라', 넷째 그림은 '사람이 예수를 많이 사랑함으로 죄 사함을 많이 얻음을 의론함이라', 다섯째 그림은 '세상 풍속을 인하여 냉심됨을 의론함이라', 여섯째 그림은 '사람의 마음에 마귀를 주로 삼아 복종함을 의론함이라', 일곱째 그림은 '믿지 않는 자가 죽을 때의 정상을 의론함이라', 여덟째 그림은 '사람의 마음에 예수를 주로 삼아 복종함을 의론함이라', 아홉째 그림은 '믿는 사람이 죽을 때의 형상을 의론함이라'이다.

「**명심도를 다시 밝힘이라**」에서는 명심도를 인쇄하게 된 이유를 다시 한 번 다음과 같은 말로 강조하고 있다. "하나님과 마귀를 분별하고 선과 악을 판단하여 낸 것은 사람에게 밝히 가르쳐 보여 후세에 유전하여 도를 본받아 선을 좇고 도를 어기어 악을 행치 않게 한 것이라"와 "다만 이 그림에 기록한 것이 이치가 온전치 못한 것이 있으니 만일 예수의 복음이 아니면 그 오묘한 뜻을 밝히지 못할까 염려되는 고로 복음을 강론하여 외이지 않을 수 없는 것은 대개 예수께서 천하 만국에 구주가 되니 물론 동서 인민하고 사랑하는 자는 다 그 이름을 힘입어 죄 사함을 얻음이라".

『명심도』는 그림을 통해 기독교의 진리를 쉽게 전하고 복음을 널리 선포하고자 하는 의도가 충분히 반영된 전도문서이다. 이 문서는 동아시아인들에게 익숙한 공자, 맹자와 같은 중국사상가들과 고전을 적절히 인용하면서 기독교에서 전하고자 하는 이야기들이 전혀 낯선 것이 아니라는 방식으로 접근한다. 이 방식은 일찍이 예수회 선교사 마테오 리치가 사용한 적응주의 선교방식과 고스너의 선교정책, 그리고 중국선교사로 활동한 한사백과 독일인 선교사로 한학과 교육에 헌신한 화지안의 경험이 묻어났기 때문에 가능했다.

이런 접근은『명심도』가 베어드에 의해 번역된 후 한국이라는 선교현지 사정에 맞추어『백군의 마음』,『박군의 심정』,『박중사의 마음』등의 이름으로 번역과 번안을 오가는 형태를 취하며 간행되었다. 또한『명심도』의 해설서로는 한국성결교단의 부흥사로 유명하였던 이성봉 목사의『명심도 강화』(1957)가 있다.

【 자료해제: 오지석(숭실대학교 베어드학부대학) 】

구주 강생 1926년

명심도

明心圖

THE HUMAN HEART

Translated by the
REV. W. M. BAIRD, D.D

현대문

경성 종로 조선예수교서회 발간

Published by the
CHRISTIAN LITERATURE SOCIETY OF KOREA

명심도 서문

천지간에 가장 귀하고 신령한 것은 사람이라. 그런 고로 사람이 망령되게 자기 몸을 버려 두어 본성을 잃지 말 것이니, 대개 하나님은 편벽되게 보시지 아니 하시고 사람에게 옳고 그른 것을 분별하는 양심을 주셨는데, 사람이 만일 양심을 지켜 마음이 어둡지 아니하면 모든 일에 이치대로 못할 리가 없건마는 물욕이 양심을 가리는 고로 망연히 깨닫지 못하여 거룩한 참 도(道)의 근원을 잃어버리느니라. 이러므로 일곱 가지 정욕이 동하고 마귀가 기회를 타서 들어오며 모든 악한 것이 모여 들면 천사는 섭섭하고 민망히 여기는 마음으로 떠나가느니, 그때부터는 세월이 오랠수록 악이 점점 더하여 술 취하며, 망령되게 능욕하며, 신령하고 밝은 마음이 변하여 어두워지고 착하던 마음이 변하여 악하여지니, 이러므로 명심도를 지었느니라.

옛적 순임금은 마음 밝히는 글 열여섯 자를 지어 위태하고 미약한 인심을 깨웠고, 그 후에 우탕(禹湯), 문무(文武), 주공(周公), 공맹(孔孟)에게 이르기까지는 마음 밝히는 도를 잘 전하여 온 고로 그 세대에는 마음이 밝으매 도도 밝아졌으니, 그런즉 마음을 밝히는 것이 지극히 중하니라. 그러나 세상 풍속이 날로 점점 무너지고 마음 밝히는 법이 점점 없어져 가더니, 송나라 때에 이르러 이학(理學)이 다시 일어나 그 마음과 천성 공부를 자주 강론하여 밝힌다 하였으나, 그러나 다만 입으로 나오는 빈 말일 뿐이오 실상 행하는 것은 없는지라. 그런 고로 마음 밝히는 도가 근세에는 거의 없어진 모양이라.

내가 우연히 책을 검찰하다가 천당길 가는 형편을 대강 기록한 책 한 권을 얻어 보니 책은 비록 적으나 큰 뜻이 있는 듯하고, 또한 그 그림이 자세하고 그 비유가 정미하여 사람으로 하여금 한 번 보면 누가 선하며 악한 것을 분명히 알고, 누가 장차 선해지며 악해질 것을 알며, 현재 당한 일과 장래에 받을 일을 분명히 알 수 있으니 족히 마음 밝히는 보배가 되겠는지라. 혹 말하기를, 이 책은 본래 서양에서 지은 것이니 우리 동양에는 유익할 것이 없다 하나, 그 말은 아직까지 사람마다 마음은 같고 마음마다 이치는 같은 줄을 모르는 자의 말이니 안팎을 두루 살펴 보아도 서방이나 동방이나 다를 것이 없는지라.

일찍 함풍(咸豊) 초년에 독일 교사 한군 사백씨가 동양에 나와서 예수의 성도를 전하는 여가에 이 책을 번역하여 세상에 행하였으나 애석하다. 그 글은 있을지라도 출판되지는 못하였는지라. 내가 두세 번 그 책을 펴보고 생각하기를, 이 책이 세상 사람을 깨닫게 함은 심히 기쁘나 그 이름과 뜻이 서로 합하지 아니한 것을 혐의(嫌疑)하여 책 이름을 고쳐 명심도라 하고, 또 한공의 맑은 뜻과 본래 지어낸 자의 공로가 헛된 데로 돌아갈까 염려하여 활판소에 보내어 판각하였으니, 누구든지 마음을 밝히고자 하는 자에게는 도움이 없다 하지 못하리라.

예수 강생 後 1879년 독일 화지안 근서

평양 배위량 역술

명심도 총론

옛적 송나라 선비가 마음을 비유하는데 혹은 종자라 하고 혹은 거울이라 하고 혹은 성곽이라 하여 각각 같지 아니하나 그 뜻은 한 이치라. 대개 마음이라 하는 것은 본래 형상이 없어 보아도 보지 못하고 또 무시로 출입하여 그 향하는 것을 알 수 없는지라. 그런즉 마음을 밝혀 천성을 보고자 하는 자는 그림과 비유가 아니면 능히 밝히기 어려운지라.

대개 글로 기록한 뜻은 유식한 선비는 능히 볼 수 있으나 무식한 사람은 능히 알 수 없을 터이오, 또 그림으로 가르친 말이 부인과 아이만 알기 쉬울 뿐 아니라 유식한 선비를 더욱 감동시켜 깨닫게 할지라. 또한 그림을 보고 뜻을 깊이 생각하면 선한 길과 악한 길이 마음눈에 소연히 보이느니 그런 고로 이 명심도에 특별히 그림을 분변(分辨)하여 그렸느니라.

또한 마음이라 하는 것은 도를 담는 그릇이니 본래 보이고 신령하며 어둡지 아니하여 모든 이치가 갖추었으되 후에 사욕이 동하여 혹 명리를 믿고 사람에게 교만을 부리며 혹 음식을 탐하여 자기 몸을 잊으며 혹 아름다운 색을 보고 욕심이 일어나며 혹 재물을 만나면 탐심이 나고 또 시기가 가득히 차며 완악한 성품을 이루면 그때는 비록 착한 길로 인도할지라도 발을 매고 앞으로 나아가지 못하고 자주 정욕에 빠져 천사의 경계를 어기고 성신의 빛을 가려 마귀가 무리로 모여 들어와 마음을 요동하게 하니 저가 죄에 빠져 하나님 나라에 들어가지 못할 것이 분명한지라. 그러나 구습은 비록 더러웠을지라도 본체의 밝은 것만 없어지지 아니하면 악하던 자라도 가히 선을 행할 수 있느니 그런 고로 선하고 악한 사이에 마땅히 그 마음의 향하는 것을 보고 하나님과 마귀의 나누인 것을 알지니 이러므로 마음에 성신이 주장하면 광명하고 고요하여 모든 사특한 것이 없어지되 마음에 마귀가 주장한즉 어둡고 막혀 모든 욕심이 어지럽게 일어나느니라. 하나님과 마귀를 비록 눈으로 형상은 볼 수 없으나 그 선악의 행적은 가히 찾을 수 있은즉 선악으로 말미암아 하나님과 마귀를 증험할 수 있으니 진실로 보는 데서 어그러짐이 없느니라.

공자가 가라사대 그 거한 바를 살피면 숨길 사람이 없다 하였고, 맹자가 가라사대 속이 깨끗하면 눈동자도 깨끗하며 속이 깨끗하지 않으면 눈동자가 흐리다 하였으니 진실하고 옳은 말씀이라. 족히 마음을 밝히는 데 한 도움이 되겠는지라. 그러나 이뿐만 아니라 이 책에 그림을 보면 선한 이와 악한 이가 죽을 때에 갚음을 받는 것이 각각 같지 아니한 것을 알지니 천당 지옥이 그 지경을 나누고 하나님과 마귀가 각각 그 영혼을 영접하는 것을 분명히 알지라. 이 때에는 생전에 있던 부귀와 영광은 다 허지로 돌아가느니 이것을 보면 죽은 후에 영혼의 관계가 지극히 중대한 줄 알겠도다. 그런 고로 어떤 사람은 하나님의 성전이 되고 어떤 사람은 마귀의 집이 되느리라. 또한 이 아래 그림에 사람이 도를 좇으며 정욕을 좇는 것이 각각 다른 것을 분별하여 골고루 비유를 하였느니라. 나의 소원은 모든 사람이 도를 좇아 하나님을 공경하고 정욕을 쫓아 마귀에게 꾀임을 받아 죄에 빠지지 않기를 간절히 바라옵나이다.

명심도 강해

대개 그림이란 것은 원래 사람으로 하여금 눈으로 보고 마음으로 깨닫게 하는 것인데 만일 그림만 그리고 그 뜻을 해석하지 아니하면 보는 이가 그 뜻을 알기 어렵고 그 이름은 알 수 없는 고로 이렇게 강해하노니 대개 그림에 날개 있는 사람은 이름이 착하신 이요, 혹 천사라고도 하는데 이는 하나님의 명령을 받아 착한 사람의 몸을 호위하느니 그 용모는 순순하고 그 옷은 광명하니 그 맑은 모양을 보면 사모하지 아니할 이가 없는지라. 사람도 능히 몸이 맞도록 진실히 도를 지키면 후에 천당에 올라가서는 그 용모가 이 천사와 같이 될지라. 저가 날개 있는 것은 무슨 뜻인가 하니 빨리 다님을 비유함이오.

혹 사람의 머리도 잡고 날이 선 칼을 잡으며 책과 십자가와 대조나무가지를 잡은 것은 무슨 뜻인가 하니 사람을 위하여 위로할 때와 깨워 줄 때와 복을 빌 때에 각각 맞도록 쓰는 것이라. 그림에 또 흰 비둘기가 있는데 빛이 그 바깥 사면으로 비추는 것은 성신이니 하나님의 셋째 위라. 대개 새 중에 청결하고 순량한 새는 흰 비둘기만한 것이 별로 없으니 그런 고로 이것으로 성신이 청결하고 더러운데 섞이지 아니하심을 비유함이오. 그 빛은 성신이 사람의 마음에 계시면 빛이 밝게 비치어 사람으로 하여금 광명한 길로 행하고 흑암한 길에 빠지지 않게 하심을 비유함이오.

그림에 또 마음 속에 눈이 있는데 이름은 지혜눈이니 사람의 마음눈을 가리킨 것이라. 마음눈이 항상 천사와 성신에게 있으면 착하고 마음눈이 항상 마귀에게 있으면 악할지니 그 마음눈을 보면 그의 지향을 알 것이라.

그림에 또 여섯 모난 것이 있으니 이는 붉은 별이라. 그 빛이 맑은 것으로 사람의 양심을 비유한 것이니 만일 성신이 마음에 계시면 양심이 밝아 착하고 악한 것을 능히 분별하느니라. 또 그림에 사람과 같으나 사람은 아닌 것과 돼지와 개 모양 같기도 하고 말과 소 모양 같이 생긴 것들은 마귀에 비유한 것이니 이는 제일 먼저 하나님 앞에 죄를 지었는데 기회를 타서 사람에게 빨리 들어가며 또 손에 잡은 것은 다 사람을 해롭게 하는 물건이오. 사람을 미혹하고 사람을 해하기를 항상 즐거워하고 몸은 옷도 없이 붉은 몸이라 이것이 과연 악한데 괴수요, 죄의 머리라.

또 그 일곱 가지 동물은 사람의 마음에 악한 정욕을 비유한 것인데 그 중에 첫째는 공작이라 하는 새이니 이는 날개와 털이 보암직한 것으로 사람의 교만한 태도를 비유한 것이오. 둘째는 염소이니 그 악한 냄새가 나는 것으로 사람의 음란하고 더러운 것을 비유한 것이오. 셋째는 돼지이니 그 먹기를 탐하는 것으로 사람의 탐식하는 것을 비유함이오. 넷째는 이리이니 그 욕심 많은 것으로 사람의 재리 탐하는 것을 비유함이오. 다섯째는 뱀이니 그 마음에 꾀이기를 좋아하는 것으로 사람의 궤휼함과 시비하는 것을 비유함이오. 여섯째는 호랑이니 그 성품이 악하고 힘과 용맹이 있는 것으로 사람의 강포한 것을 비유함이오. 일곱째는 자라니 그 뒷걸음질함으로 사람의 성정이 해타하여 착한 일을 행하여 나아가지 못하는 것을 비유한 것이오.

또한 그림에 사람이 십자가에 못 박혔으며 막대기를 잡고 단정히 앉은 것은 예수를 가리킨 것이니 십자가에 못 박힌 것은 예수께서 사람을 대신하여 죄를 대속하시라고 죽으심을 가리킨 것이오. 막대기를 잡고 단정히 앉으신 것은 왕의 모양이니 예수께서 주 되심을 비유한 것이라.

또 그림에 사람이 죽을 때에 조용하고 평안히 누었는데 천사가 와서 그 영혼을 영접하는 것을 그렸으니 이는 도를 믿은 자가 세상을 떠나는 경상(景狀)이오. 또 그림에 사람이 죽을 때에 무서워서 사면을 돌아보며 방황하매 마귀가 와서 정죄하는 것을 그렸으니 이는 악을 행하던 자가 생명을 잃을 때의 경상이라. 이것을 보면 사람의 성품이 선하며 선하지 않은 것은 각각 다르나 선하며 악한 자 되는 것은 또한 사람이 행하는 데 달린 줄 알 것이라. 그런 고로 이 명심도를 그렸으니 사람마다 마땅히 아홉 그림 가운데 스스로 묻기를 내가 어느 그림에 처하였느뇨 하여 만일 옳지 못한데 있으면 속속히 고쳐 하나님의 도를 믿고 예수의 공로를 의지하면 가히 침륜(沈淪)을 면하고 영생을 얻으리라.

첫째 그림은 세상 사람의 마음이 욕심에 빠짐을 의론함이라.

옛 경서에 이르되, "군자는 은밀한 데 조심하여 스스로 속을까 염려하고 쾌족하기를 구한다" 하였으니, 마음을 바르게 하고 뜻을 진실하게 하려면 겉모양을 살필 것이 아니요, 속마음을 살펴 은밀한 생각을 바르게 하여야 할 것이라. 만일 정욕이 일어나는 것을 살피고 막지 아니하면 장래에 방자한 마음을 좇아 망령되이 행하여 죄악에 깊이 빠질 것이니 이러므로 이 첫째 그림에는 세상 사람이 욕심에 빠진 것을 의론하였은즉, 외모로 말하면 맑고 온순하고 엄연하여 단정한 모양이 있을지라도 속에는 욕심이 분분히 일어나 마음을 바르게 하지 못하는지라. 그런고로 교만함과 자랑함과 음란함과 방탕함과 탐람함과 포학함과 시기함과 게으름이 겉모양으로는 나타나지 아니하였으나 속마음에는 가득하였으니 세상 풍속에도 마음이 동하기 쉽거든 하물며 마귀가 그 마음 가운데 있어 그 좋아하는 것으로 꾀이니 이때에 비록 성신의 빛이 비취이고 천사의 호위함이 있을지라도 그의 좋아하지 않는 참 이치로 그의 좋아하는 정욕을 능히 바꿀 수 없는지라. 그러나 아직 성신이 떠나가지 아니함은 행여나 회개할 기회가 있을까 기다림이요, 천사가 떠나지 아니함은 인도하여 다시 돌아오게 할 때가 있을까 바람이라. 그런 고로 그 후일에 종래 인도함을 받지 않고 순종하지 아니하면 죄를 작정하느니라.

둘째 그림은 성신이 율법으로 사람의 마음에 비취임을 의론함이라.

이치를 순종하면 평안하고 욕심을 좇으면 위태하다 하였으니 이치와 욕심의 분간은 천당과 지옥의 판단인 줄 가히 알지라. 그런 고로 이 둘째 그림에는 성신이 율법으로 사람의 마음에 비취임을 의론하였는데 율법은 하나님의 열가지 계명이니 사람이 만일 그 율법을 진실히 지키면 이치는 점점 앞으로 나아가고 욕심은 점점 물러가느니라. 그러나 특별히 근심할 것은 이치에 마땅히 할 것을 알지 못하고 망령되이 행하면 정욕이 가득하여 죄에 빠져 장래에 형벌을 받을 것이라. 그런 고로 이 그림에 천사가 사람의 두골(頭骨)과 날선 검을 잡은 것은 심판의 뜻을 가르치는 것이니 그런 고로 성신이 율법을 가지고 사람의 마음을 깨워 스스로 죄를 깨닫고 율법을 준행하게 하느니라. 이때에 사람이 홀연히 깨달아 회개하여 하나님을 공경하고 모든 행위에 참 이치를 순종하고 마음의 사욕을 이기어 천당을 사모하는 마음으로 점점 앞으로 나아가 마음눈이 밝은 빛을 받아 밝아지니 아직 마귀가 다 물러 가지는 아니하였으나 모든 악한 것이 밖을 향하여 떠나는지라. 그런고로 사람이 능히 하나님을 대적하지 못할 것이 마치 불이 능히 물을 대적하지 못함과 같으니라.

셋째 그림은 성신이 복음으로 사람의 마음에 비취임을 의론함이라.

하나님께서 각 사람에게 옳고 그른 것을 분별하는 양심을 주셨건마는 세상 사람이 물욕에 빠져 양심을 순종하지 않고 정욕을 좇아 악한 죄에 빠져 양심을 상하게 하였으니 만일 죄를 회개하지 아니하면 양심을 좇아 행할 수 없느니라. 그런고로 이 셋째 그림에는 성신이 복음으로 사람의 마음에 비취는 것을 말하였는데 대개 복음 두 글자는 포함한 뜻이 무한히 넓으니 이는 구주 예수께서 하나님의 명을 받들어 사람의 몸을 입어 십자가에 못박혀 사람의 죄를 대속하셨는데 그 제자들이 이 복음을 기록하여 사람으로 하여금 보고 구주를 믿어 침륜을 면하고 영생을 얻게 함이라. 그러나 하나님이 그 마음을 열어주지 아니하면 그 마음이 어두워질 것이라. 그런고로 밖으로 꾀이는 사욕을 버리고 양심을 보호하려면 성신을 받아 복음을 믿지 않고는 결단코 할 수 없는지라. 사람이 만일 깊이 궁구하여 참 이치를 좇고 자기의 사욕을 이기면 마음이 맑고 빛나서 장차 모든 욕심은 없어지고 여러 마귀는 멀리 떠나서 어디에 가든지 참 이치를 좇아 행하게 되니 어찌 아름답지 아니하리오.

넷째 그림은 사람이 예수를 많이 사랑함으로 죄 사함을 많이 얻음을 의론함이라.

사욕을 없이 하려면 하나님의 참 이치를 좇는데 있다 하였으니 그런즉 사욕을 버리고자 하는 자는 마땅히 먼저 예수를 믿을 것이라. 그런고로 이 넷째 그림에는 예수를 진실히 믿으므로 마음 속에 마귀와 악한 욕심은 없어지고 다만 성신의 비취심과 예수께서 십자가에 못 박히신 것이 마음 속에 있고 또한 천사가 두 비석을 가리켜 하나님의 십계명을 보이며 또 한 복음을 전하여 어떻게 믿을 것과 장래에 사람의 행한 대로 심판할 것을 가르쳐 주는 것이오. 또한 그 비석에 글자를 지운 것과 대조나무가지를 잡은 것은 믿는 사람이 평안하게 된 것을 비유함이라. 비록 주를 믿기 전에는 이치를 거역하여 망령되이 행하므로 하나님과 원수가 되었으나 지금은 주를 믿고 거짓 것은 버리고 진실한 것을 좇으므로 하나님과 다시 화친하여 마음이 헛된 데로 달아나지 아니하니 어찌 아름답지 아니하리오.

다섯째 그림은 세상 풍속을 인하여 냉심(冷心)됨을 의론함이라.

참 이치와 사욕이 함께 서지 못하는 것은 분명한 일이라. 그런고로 마음이 참 이치를 좇아 나가면 사욕이 물러가고 마음에 참 이치를 사모하는 것이 적으면 사욕이 모여 들어오느니라. 그런고로 이 다섯째 그림에는 냉심된 자의 형편을 가르친 것이라. 마음 가운데 이미 성신이 떠난 고로 정욕이 기회를 엿보니 만일 한번만 마음을 놓으면 모든 마귀 무리가 들어오리니 비록 마음에 십자가는 있으나 예수는 없으니 다만 겉모양뿐이요, 속마음에 진실한 것은 없고 자기의 사사로운 지혜를 좇아 성신의 경계를 어그러뜨리면 도리의 맛은 날로 심심하고 세상 맛은 날로 달아 거짓 생각과 미친 행실이 일어나느니 이른바 생각지 아니하면 미친 사람이 된다 하였은즉 어찌 조심하지 아니하리오. 다행이 모든 악이 밖에만 있고 들어오기 전에 부지런히 살펴 조심하여 천사가 떠나고자 하는 것을 붙잡아 천사의 권고하는 뜻을 순종하면 마귀의 꾀임을 이기고 죄에 빠지지 아니하리니 어찌 깨닫지 아니하리오.

여섯째 그림은 사람의 마음에 마귀를 주로 삼아 복종함을 의론함이라.

도를 배반하고 사욕을 좇는 자는 가히 고칠 방책이 없으니 대개 그 양심이 어두워지고 악한 생각이 불 일어날 듯하여 하나님의 계명과 예수의 복음은 다 버리고 생각하지 아니함이라. 그런 고로 이 여섯째 그림에는 모든 악한 것이 다 돌아온 것을 그렸으니, 그러나 저도 처음에는 도를 좇아 성신의 인도함을 받지 않은 것은 아니나 그 후에 점점 사욕에 빠져 다시 마귀에게로 돌아갔느니라. 지금은 그 마음에 마귀만 복종하니 비록 천사의 권계함이 있을지라도 좇지 않고 성신의 빛이 비취어도 깨닫지 못하여 양심은 점점 없어지고 정욕이 가득히 찼으니 이때에는 마귀의 지휘를 좇아 교만과 간음과 시기와 사나움과 탐람하는 여러 가지 악한 일을 망령되이 행하니 천사는 근심하는 마음으로 날개를 떨치고 날아가는지라. 다른 사람은 저를 애석하게 여기지 아니하는 이가 없으되 저는 일곱 가지 정욕이 마음에 가득한 지 오랜 고로 슬퍼하는 모양까지 없고 마음에 밝은 빛이 다 없어졌으니 어찌 마음을 돌이켜 회개하기를 바라리오.

일곱째 그림은 믿지 않는 자가 죽을 때의 정상을 의론함이라.

도를 독실히 믿지 아니하면 어찌 복이 있으며 화가 없으리오. 그런 고로 마땅히 도를 독실히 믿고 잠시라도 버리지 못할 것이라. 그런 고로 이 일곱째 그림에는 믿지 않는 자가 병들어 죽는 형상을 그렸는데 그 육신은 고칠 수 없는 병으로 참혹하게 신고(辛苦)하고 그 영혼은 죄가 중대한 고로 다시 벗어날 방책이 없는지라. 이때에는 양심이 깨어서 죽으면 곧 심판 받을 줄 알고 극히 무서워하는지라. 또 마귀가 와서 손에 십계명 쓴 책을 들고 그 평생 지은 죄를 낱낱이 질문하여 기록하니 이로 말미암아 마음에 바람이 끊어져 사면으로 돌아보며 방황하여 구원함을 구하고자 하되 마침내 얻지 못하고 다만 지옥에 영원한 불이 곧 눈 앞에 있는지라. 비록 생전에는 부귀영광이 가득하였으나 그것으로 인하여 지옥 형벌을 면할 수 없으니 생전에 연락하기만 좋아하고 세상 정욕에 빠져 비록 예수의 복음을 들었으나 뜻밖에 둔 고로 지금은 그 죄로 인하여 영원한 사망을 면치 못하게 되었으니 애석하도다. 저가 세상 영광을 탐할 때에야 어찌 이같이 형벌 받을 줄을 알았으리오. 이때에는 천사가 슬픈 모양으로 떠나가고 여러 마귀가 모여 와서 그 영혼을 영접하는지라. 슬프다. 사람이 구주를 배반하여 스스로 근심을 끼치는도다.

여덟째 그림은 사람의 마음에 예수를 주로 삼아 복종함을 의론함이라.

한 사람이 두 주인을 섬기지 못하는 것같이 사람의 마음 가운데 각각 주인이 하나씩 있으니 예수를 진실히 믿는 자의 마음에는 예수가 주인이 되고 믿지 않는 사람의 마음에는 마귀가 주인이 되느니라. 이 여덟째 그림에는 믿는 자가 마음에 예수를 주로 삼아 복종하는 형상을 그린 것이니 그 손에 금지팡이를 잡고 단정히 앉은 이는 예수인데 하나님께서 특별히 영광스러운 권세를 주어 십계명을 가지고 마음을 지켜 보호하게 하심이니 우리가 마땅히 분분한 정욕을 끊어 버릴 것이라. 예수께서 지금 믿는 자의 거룩하신 주 되신 것을 생각하면 전에 십자가에 못 박히던 때와 비교할 수 없으니 대개 전에는 고난을 받아 목숨을 버렸으되 지금은 영원한 권세와 복을 누리심이라. 사람이 만일 하나님의 넓으신 은혜를 기억하면 천사의 도와줌을 입어 구주의 계명을 지키고 다시는 사욕에 빠지지 않느니라. 그림 가운데 비석에 글자가 없는 것은 예수께서 온전히 대속하심이라. 비록 마귀가 와서 악한 욕심이 밖으로 돌며 기회를 엿보아 들어오려 하나 예수께서 마음에 계셔 주된 고로 모든 세상 정욕이 다 끊어지느니라.

아홉째 그림은 믿는 사람이 죽을 때의 형상을 의론함이라.

살기를 좋아하고 죽기를 싫어함은 사람의 떳떳한 정이요, 또 살아서 평안하고 죽어서 평안한 것은 사람의 즐거워하는 일이니 이는 도를 믿는 자가 온전히 사모하는 것이라. 이 아홉째 그림에는 예수를 독실히 믿고 죽는 자의 형상을 그렸는데 몸에 병이 중하여 죽게 되었으나 조금도 두려워하지 않고 비록 죽은 후에 심판이 있을 줄 알되 예수께서 말씀하시기를 내 말을 듣고 나 보내신 이를 믿는 자는 영생을 얻고 죄를 정하지 아니 하리라 한 말씀을 생각하고 평안한 마음으로 기다리는지라. 그때에 친척과 친구를 떠나기 어려우나 그러나 후에 천당에서 다시 만날 기약이 있을 것을 생각하고 과히 근심하지 않는지라. 그런 고로 모든 사람이 저를 위하여 기도할 때에 저가 곧 가로되, 주 예수께서 내 영혼을 영접하옵소서 하고 말을 필한 후에 떠나니 이에 구주 예수께서 천사를 보내어 영혼을 영접하여 하늘에 올라가 영원한 복을 누리니 아름답다 이 지경이여. 복이로다 이 사람이여. 선하면 선한 갚음이 있다 함이 이때를 가르침이로다.

명심도를 다시 밝힘이라

옛 시대에는 노끈을 맺어 일을 표하여 기록하더니 후세에는 글로 일을 기록하나니 대개 오래면 어그러져 잊어버릴까 염려하므로 쇠에 기록하여 만세에 유전하게 하느니라. 이 위에 명심도에 하나님과 마귀를 분별하고 선과 악을 판단하여 낸 것은 사람에게 밝히 가르쳐 보여 후세에 유전하여 도를 본받아 선을 좇고 도를 어기어 악을 행치 않게 한 것이라. 시험하여 보건대 그림 가운데 성신과 천사는 하나님께서 보내신 것이요, 성경과 계명 쓴 비석은 다 구주를 지시한 것이요, 십자가에 못 박힌 형상은 또 그 몸을 나타나게 한 법이니 대개 넓은 천하로 하여금 다 마귀를 멀리 하고 하나님을 친히 하며 정욕을 끊고 지극히 선한 데로 돌아가게 하고자 함이라. 그러나 후세 사람을 깨닫게 하려면 먼저 강론하여 밝히지 않으면 될 수 없는 고로 그림 밖에 또한 분명히 가르쳐 사람의 마음을 자세히 깨웠느니라. 내가 이 글을 읽을 때에 우연히 탄식하기를 마음의 신과 마귀와 선과 악이 이같이 빨리 감동하는도다. 대개 선한 마음이 한번 동하면 성신의 빛이 비추고 악한 생각이 한번 나면 마귀가 기회를 타서 그 동류를 데리고 빨리 들어오는지라.

옛날 양주(楊朱)가 갈림길을 당하여 운 것과 묵적(墨翟)이 물들여진 실을 슬퍼한 그 소견이 이와 같도다. 그런 고로 주역에 이르되 조그마한 선한 것은 유익할 것이 별로 없으니 하지 않겠다 말며 조그마한 악한 것은 별로 해로울 것 없으니 하겠다 하지 말라 하였고, 또 가로되 착한 말을 내면 천리 밖에서 대답

하고 악한 말을 내면 천리 밖에서 어그러진다 하였으니 말하는 것도 이 같거든 하물며 마음이 발하는 것과 몸이 행하는 것이야 말할소냐. 그런즉 악을 버리고 선을 좇아 마음을 밝혀 천성을 볼 마음이 있는 자는 마땅히 그림을 보고 스스로 살피며 깊이 생각할 것이라. 다만 이 그림에 기록한 것이 이치가 온천치 못한 것이 있으니 만일 예수의 복음이 아니면 그 오묘한 뜻을 밝히지 못할까 염려되는 고로 복음을 강론하여 외이지 않을 수 없는 것은 대개 예수께서 천하 만국에 구주가 되니 물론 동서 인민하고 사랑하는 자는 다 그 이름을 힘입어 죄 사함을 얻음이라. 그때에 주께서 모든 고난을 다 받고 젊어서 십자가에 몸을 버려 사람을 대신하여 죽었다가 후에 다시 살아 밝은 낮에 하늘에 올라가 하나님 우편에 앉으시어 심히 세상 사람을 구원하시니 그 본심이 밝지 아니하면 어찌 이러하리오.

【 현대역: 장경남(숭실대학교 국어국문학과) 】

명심도

明心圖 / THE HUMAN HEART

원문

구주 강생 1926년

도심명

THE HUMAN HEART

Translated by the
REV. W. M. BAIRD, D.D

경성 종로 조선예수교서회 발간

Published by the
CHRISTIAN LITERATURE SOCIETY OF KOREA

명심도

구쥬 강생 일천 구백 이십륙 년

明心圖

명심도

대정십오년

경성종로 조선예수교서회발간

THE HUMAN HEART

Translated by the

REV. W. M. BAIRD, D. D.

SEVENTH EDITION.

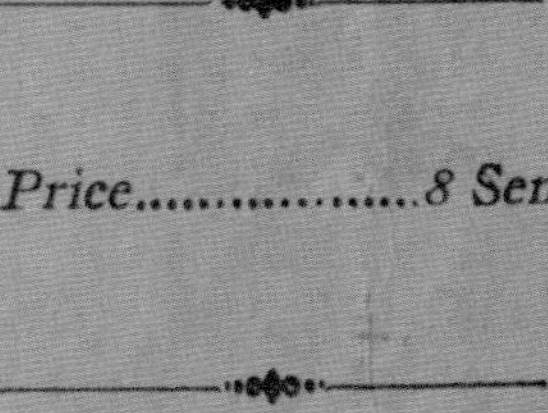

Price..................8 Sen

Published by the

CHRISTIAN LITERATURE SOCIETY

OF KOREA

Chongno, Seoul.

1926

던디간에 ᄀᆞ장귀ᄒᆞ고 신령ᄒᆞᆫ것은 사ᄅᆞᆷ이라 그런고로 사ᄅᆞᆷ이 망녕되
히 ᄌᆞ긔몸을 ᄇᆞ려두어 본셩을 일치말것이니 대개 하ᄂᆞ님은 편벽되히
보시지 아니ᄒᆞ시고 사ᄅᆞᆷ의게 올코 그른것을 분별ᄒᆞᄂᆞᆫ량심을 주셧ᄂᆞᆫ
듸 사ᄅᆞᆷ이 만일 량심을 직혀 ᄆᆞᄋᆞᆷ이 어둡지아니ᄒᆞ면 모든 일에 리치
대로 못ᄒᆞᆯ리가 업것마ᄂᆞᆫ 물욕이 량심을 ᄀᆞ리우ᄂᆞᆫ고로 망연히 씨ᄃᆞᆺ지
못ᄒᆞ야 거륵ᄒᆞᆫ 춤 도의 근원을 일허ᄇᆞ리ᄂᆞ니라 이럼으로 닐곱가지 졍
욕이 동ᄒᆞ고 마귀가 긔회를 ᄐᆞ셔 드러오며 모든 악ᄒᆞᆫ것이 모혀들면
텬ᄉᆞ는 셥셥ᄒᆞ고 민망히녀이ᄂᆞᆫ ᄆᆞᄋᆞᆷ으로 ᄯᅥ나가ᄂᆞ니 그때브터는 세
월이 오랠ᄉᆞ록 악이 졈졈더ᄒᆞ야 술취ᄒᆞ며 망녕되히 릉욕ᄒᆞ며 신령ᄒᆞ
고 ᄇᆞᆰ은ᄆᆞᄋᆞᆷ이 변ᄒᆞ야 어두워지고 착ᄒᆞ던ᄆᆞᄋᆞᆷ이 변ᄒᆞ야 악ᄒᆞ여지나
이럼으로 명심도를 지엿ᄂᆞ니라 녯적 슌님금은 ᄆᆞᄋᆞᆷ ᄇᆞᆰ히ᄂᆞᆫ 글 열여
섯ᄌᆞ를 지여 위티ᄒᆞ고 미약ᄒᆞᆫ 인심을 ᄡᅥ왓고 그후에 우탕 문무 쥬공

명심도 서문

二

공밍의게 니르기셔자는 ᄆᆞ음 ᄇᆞᆰ히ᄂᆞᆫ 도를잘 젼ᄒᆞ야온고로 그셰ᄃᆡ에는 ᄆᆞ음이 ᄇᆞᆰ으매 도도 ᄇᆞᆰ아졋스니 그런즉 ᄆᆞ음을 ᄇᆞᆰ히ᄂᆞᆫ것이 지극히 즁ᄒᆞ니라 그러나 셰샹풍쇽이 날노 졈졈문허지고 ᄆᆞ음 ᄇᆞᆰ히ᄂᆞᆫ법이 졈졈 업서져가더니 송나라 ᄭᅢ에 니르러 리학이 다시 니러나 그ᄆᆞ음과 텬셩 공부를 자조강론ᄒᆞ야 ᄇᆞᆰ힌다ᄒᆞ엿스나 그러나 다만 입으로 나오ᄂᆞᆫ 뷘말ᄲᅮᆫ이오 실샹ᄒᆡᆼᄒᆞᄂᆞᆫ것은 업ᄂᆞᆫ지라 그런고로 ᄆᆞ음 ᄇᆞᆰ히ᄂᆞᆫ 도가 근셰에는 거의 업서진모양이라 내가 우연히 ᄎᆡᆨ을 검찰ᄒᆞ다가 텬당길 가ᄂᆞᆫ형편을 대강 긔록ᄒᆞᆫ ᄎᆡᆨ ᄒᆞᆫ권을 엇어보니 ᄎᆡᆨ은 비록적으나 큰ᄠᅳᆺ이 잇ᄂᆞᆫ듯ᄒᆞ고 ᄯᅩᄒᆞᆫ 그 그림이 ᄌᆞ셰ᄒᆞ고 그비유가 졍미ᄒᆞ야 사ᄅᆞᆷ으로ᄒᆞ여곰 ᄒᆞᆫ번보면 누가 션ᄒᆞ며 악ᄒᆞᆫ것을 분명히 알고 누가 쟝ᄎᆞᆺ 션ᄒᆞ여지며 악ᄒᆞ여질것을 알며 현재 당ᄒᆞᆫ일과 쟝ᄅᆡ에 밧을일을 분명히 알수잇스니 족히 ᄆᆞ음 ᄇᆞᆰ히ᄂᆞᆫ보비가 되겟ᄂᆞᆫ지라 혹이 말ᄒᆞ기를 이ᄎᆡᆨ은 본ᄅᆡ 셔양에셔 지은것이니 우리 동양에는 유익ᄒᆞᆯ것이

나 다를[illegible] 업는지라 [illegible]
동양에 나와셔 예수의 셩도를 젼ᄒᆞᄂᆞᆫ여가에 이칙을 번역ᄒᆞ야 셰상에 힝ᄒᆞ엿ᄉᆞ나 가셕ᄒᆞ다 그글은 잇슬지라도 츌판되지는 못ᄒᆞ엿ᄂᆞᆫ지라 내가 두세번 그칙을 펴보고 싱각ᄒᆞ기를 이칙이 셰상사ᄅᆞᆷ을 ᄭᆡᄃᆞᆺ게 ᄒᆞᆷ은 심히 깃브나 그일홈과 ᄯᅳᆺ이 서로합ᄒᆞ지아니ᄒᆞᆫ것을 혐의(嫌疑) ᄒᆞ야 칙일홈을 곳쳐 명심도라ᄒᆞ고 ᄯᅩ 한공의 ᄆᆞᆰ은ᄯᅳᆺ과 본리지여낸 쟈의 공로가 헛된ᄃᆡ로 도라갈가 념려ᄒᆞ야 활판소에 보내여 판각ᄒᆞ엿ᄉᆞ니 누구던지 ᄆᆞᄋᆞᆷ을 ᄇᆞᆰ히고져 ᄒᆞᄂᆞᆫ쟈의게는 도음이 업다ᄒᆞ지못ᄒᆞ리라

예수강싱후 일쳔팔ᄇᆡᆨ칠십구년덕국 화지안 근셔

평양 비위량 역슐

명심도 총론

녯적 송나라 션비가 ᄆᆞ음을 비유ᄒᆞᄂᆞᆫᄃᆡ 혹은 종ᄌᆞ라ᄒᆞ고 혹은 거울이라ᄒᆞ고 혹은 셩과이라ᄒᆞ야 각각ᄀᆞᆺ지아니ᄒᆞ나 그뜻은 ᄒᆞᆫ 리치라 대개 ᄆᆞ음이라ᄒᆞᄂᆞᆫ것은 본ᄅᆡ 형샹이 업서 보아도 보지못ᄒᆞ고 또 무시로츌입ᄒᆞ야 그향ᄒᆞᄂᆞᆫ것을 알수업ᄂᆞᆫ지라 그런즉 ᄆᆞ음을 ᄇᆞᆰ혀 텬셩을 보고져ᄒᆞᄂᆞᆫ자는 그림과비유가 아니면 능히 ᄇᆞᆰ히기 어려운지라 대개 글노 긔록ᄒᆞᆫ뜻은 유식ᄒᆞᆫ션비는 능히볼수잇ᄉᆞ나 무식ᄒᆞᆫ사ᄅᆞᆷ은 능히 알수업슬터이오 또 그림으로 ᄀᆞᄅᆞ친말이 부인과 ᄋᆞᄒᆡ만 알기쉬울ᄲᅮᆫ아니라 유식ᄒᆞᆫ 션비를 더욱 감동식혀 ᄭᅢᄃᆞᆺ게ᄒᆞᆯ지라 또ᄒᆞᆫ 그림을보고 뜻을깁히 ᄉᆡᆼ각ᄒᆞ면션ᄒᆞᆫ길과 악ᄒᆞᆫ길이 ᄆᆞ음눈에 쇼연히 보이ᄂᆞ니 그런고로 이명심도에 ᄐᆞᆨ별히 그림을분변ᄒᆞ야 그렷ᄂᆞ니라 또ᄒᆞᆫᄆᆞ음이라ᄒᆞᄂᆞᆫ것

명심도 총론 四

완악ᄒᆞᆫ셩픔을 일우면 그때는 비록 착ᄒᆞᆫ길노 인도ᄒᆞᆯ지라도 발을 미고 압흐로 나아가지못ᄒᆞ고 자조 졍욕에 ᄲᅡ져 텬ᄉᆞ의 경계를 어긔고 셩신의 빗촐 ᄀᆞ리워 마귀가 무리로 모혀드러와 ᄆᆞᄋᆞᆷ을 요동ᄒᆞ게ᄒᆞ니 뎌가 죄에 ᄲᅡ져 하ᄂᆞ님 나라에 드러가지 못ᄒᆞᆯ것이 분명ᄒᆞᆫ지라 그러나 구습은 비록 더러웟슬지라도 본톄의 ᄇᆞᆰ은것만 업서지지 아니ᄒᆞ면 악ᄒᆞ던쟈라도 가히 션을 힝ᄒᆞᆯ수 잇ᄂᆞ니 그런고로 션ᄒᆞ고 악ᄒᆞᆫᄉᆞ이에 맛당히 그ᄆᆞᄋᆞᆷ의 향ᄒᆞᄂᆞᆫ것을 보고 하ᄂᆞ님과 마귀의 ᄂᆞᆫ호인것을 알지니 이럼으로 ᄆᆞᄋᆞᆷ에 셩신이 쥬쟝ᄒᆞ면 광명ᄒᆞ고 고요ᄒᆞ야모든샤특ᄒᆞᆫ것이 업서지되 ᄆᆞᄋᆞᆷ에 마귀가 쥬쟝ᄒᆞᆫ즉 어둡고 막히여 모든 욕심이 어지럽게 니러나ᄂᆞ니라 하ᄂᆞ님과 마귀를 비록 눈으로 형샹은 볼수 업스나그션악의 힝젹은 가히차즐수 잇슨즉 션악으로 말ᄆᆡ암아 하ᄂᆞ님과 마귀를 증험ᄒᆞᆯ수 잇ᄉᆞ니 진실노 보ᄂᆞᆫ듸셔 어그러짐이 업ᄂᆞ

명심도 총론 五

니라 공ᄌᆞㅣ 글ᄋᆞ샤ᄃᆡ 그 거ᄒᆞᆫ바를 ᄉᆞᆲ히면 숨길 사름이 업다ᄒᆞ엿고 밍ᄌᆞㅣ 글ᄋᆞ샤ᄃᆡ 속이 졍ᄒᆞ면 눈동ᄌᆞ도 졍ᄒᆞ고 속이 부졍ᄒᆞ면 눈동ᄌᆞ가 흐리다 ᄒᆞ셧ᄉᆞ니 진실ᄒᆞ고 올흔 말솜이라 죡히 ᄆᆞᄋᆞᆷ을 ᄇᆞᆰ히ᄂᆞᆫᄃᆡ ᄒᆞᆫ 도음이 되겟ᄂᆞᆫ지라 그러나 이ᄲᅮᆫ만 아니라 이칙에 그림을 보면 션ᄒᆞᆫ이와 악ᄒᆞᆫ이가 죽을ᄯᅢ에 갑흠을 밧ᄂᆞᆫ것이 각각 ᄀᆞᆺ지아니ᄒᆞᆫ것을 알지니 텬당디옥이 그디경을 ᄂᆞᆫ호고 하ᄂᆞ님과 마귀가 각각 그령혼을 영졉ᄒᆞᄂᆞᆫ것을 분명히 알지라 이ᄯᅢ에ᄂᆞᆫ ᄉᆡᆼ젼에 잇던 부귀와 영광은 다 허디로 도라가ᄂᆞ니 이것을 보면 죽은후에 령혼의 관계가 지극히 중대ᄒᆞᆫ줄 알겟도다 그런고로 엇던 사름은 하ᄂᆞ님의 셩뎐이 되고 엇던사름은 마귀의 집이 되ᄂᆞ니라 ᄯᅩᄒᆞᆫ 이아래 그림에 사름이 도를좃ᄎᆞ며 졍욕을 좃ᄂᆞᆫ것이 각각 다른것을 분별ᄒᆞ야 고로히 비유를 ᄒᆞ엿ᄂᆞ니라 나의 소원은 모든사름이 도를 좃차 하ᄂᆞ님을 공경ᄒᆞ고 졍욕을좃차 마귀의게 ᄆᆡ임을 밧아 죄에 ᄲᅡ지지 안키를 ᄀᆞᆫ졀히 ᄇᆞ라옵ᄂᆞ

명심도 총론 六

명심도 강ᄒᆡ

대개 그림이란것은 원리 사ᄅᆞᆷ으로 ᄒᆞ여곰 눈으로 보고 ᄆᆞ음으로 ᄭᆡᄃᆞᆺ게ᄒᆞᄂᆞᆫ것인ᄃᆡ 만일 그림만 그리고 그ᄯᅳᆺ을 ᄒᆡ셕지아니ᄒᆞ면 보ᄂᆞᆫ이가 그ᄯᅳᆺ을 알기 어렵고 그일홈을 알수 업ᄂᆞᆫ고로 이러케 강ᄒᆡᄒᆞ노니 대개그림에 놉히 잇ᄂᆞᆫ사ᄅᆞᆷ은 일홈이 착ᄒᆞᆫ신이오 혹 텬ᄉᆞ라고도 ᄒᆞᄂᆞᆫᄃᆡ 이ᄂᆞᆫ 하ᄂᆞ님의 명령을 밧아 착ᄒᆞᆫ 사ᄅᆞᆷ의 몸을 호위ᄒᆞᄂᆞ니 그용모는슌슌ᄒᆞ고 그옷은 광명ᄒᆞ니 그ᄆᆞᄋᆞᆷ은 모양을 보면 ᄉᆞ모ᄒᆞ지아니ᄒᆞᆯ이 업ᄂᆞᆫ지라 사ᄅᆞᆷ도 능히 몸이 맛도록 진실히 도를 직히면 후에텬당에 올나가서ᄂᆞᆫ 그용모가 이텬ᄉᆞ와ᄀᆞᆺ치 될지라 뎌가 놉히잇ᄂᆞᆫ것은 무슴ᄯᅳᆺ인고ᄒᆞ니 ᄉᆡᆯ니 ᄃᆞᆫ님을 비유ᄒᆞᆷ이오 혹 사ᄅᆞᆷ의 머리도 잡고 놀선검을 잡으며 칼과 십ᄌᆞ가와 대조나무가지를 잡은것은 무슴ᄯᅳᆺ인고ᄒᆞ니 사ᄅᆞᆷ을 위ᄒᆞ야 위로ᄒᆞᆯᄯᅢ와 ᄡᅡ와줄ᄯᅢ와 복빌ᄯᅢ에 각각맛도록 쓰ᄂᆞᆫ것이라 그림에 ᄯᅩ 흰비ᄃᆞᆯ이가 잇ᄂᆞᆫᄃᆡ 빗치 그밧겻 ᄉᆞ면으로 빗최인것은 셩신

이니 하ᄂᆞ님의 셋재위라 대개 새즁에 청결ᄒᆞ고 슌량ᄒᆞᆫ 새는 흰비ᄃᆞᆰ이만 ᄒᆞᆫ것이 별노 업ᄉᆞ니 그런고로 이것으로 셩신이 청결ᄒᆞ고 더러운ᄃᆡ 셕기지 아니ᄒᆞ심을 비유ᄒᆞᆷ이오 그밧츤 셩신이 사ᄅᆞᆷ의 ᄆᆞ음에 계시면 밧치 ᄇᆞᆰ히 빗최여 사ᄅᆞᆷ으로 ᄒᆞ여곰 광명ᄒᆞᆫ길노 힝ᄒᆞ고 흑암ᄒᆞᆫ길에 ᄲᅡ지지 안케 ᄒᆞ심을 비유ᄒᆞᆷ이오 그림에 ᄯᅩ ᄆᆞ음속에 눈이 잇ᄂᆞᆫᄃᆡ 일홈은 지혜눈이니 사ᄅᆞᆷ의 ᄆᆞ음눈을 ᄀᆞ르친것이라 ᄆᆞ음눈이 ᄒᆞᆼ샹 텬ᄉᆞ와 셩신의게 잇ᄉᆞ면 착ᄒᆞ고 ᄆᆞ음눈이 ᄒᆞᆼ샹 마귀의게 잇ᄉᆞ면 악ᄒᆞᆯ지니 그ᄆᆞ음눈을 보면 그의 지향을 알것이라 그림에 ᄯᅩ 여섯모난것이 잇ᄉᆞ니 이는 ᄇᆞᆰ은별이라 그밧치 ᄇᆞᆰ은것으로 사ᄅᆞᆷ의량심을 비유ᄒᆞᆫ것이니 만일 셩신이 ᄆᆞ음에 계시면 량심이 ᄇᆞᆰ아 착ᄒᆞ고 악ᄒᆞᆫ것을 능히 분별ᄒᆞᄂᆞ니라 ᄯᅩ 그림에 사ᄅᆞᆷ과 ᄀᆞᆺᄒᆞ나 사ᄅᆞᆷ은 아닌것과 도야지와 개모양 ᄀᆞᆺ기도 ᄒᆞ고 ᄆᆞᆯ과 소모양 ᄀᆞᆺ치 싱긴것들은 마귀에 비유ᄒᆞᆫ것이니 이는 뎨일 몬져 하ᄂᆞ님압헤 범죄ᄒᆞ엿ᄂᆞᆫᄃᆡ 긔회를 두셔

권이오 사ᄅᆞᆷ을 미혹ᄒᆞ고 사ᄅᆞᆷ을 해ᄒᆞ기를 홍샹 즐거워ᄒᆞ고 몸은 옷도업시 붉은몸이라 이것이 과연 악ᄒᆞᆫᄃᆡ 괴슈요 죄의 머리라 ᄯᅩ 그닐곱가지 동물은 사ᄅᆞᆷ의 ᄆᆞᄋᆞᆷ에 악ᄒᆞᆫ졍욕을 비유ᄒᆞᆫ것인ᄃᆡ 그즁에 첫재는 공쟉이라ᄒᆞ는새니 이는 놀ᄀᆡ와 털이 보암즉ᄒᆞᆫ것으로 사ᄅᆞᆷ의 교만ᄒᆞᆫ ᄐᆡ도를 비유ᄒᆞᆫ것이오 둘재는 염소니 그악ᄒᆞᆫ내암새 나는것으로 사ᄅᆞᆷ의 음란ᄒᆞ고 더러운것을 비유ᄒᆞᆫ것이오 셋재는 도야지니 그 먹기를 탐ᄒᆞ는것으로 사ᄅᆞᆷ의 탐식ᄒᆞ는것을 비유홈이오 넷재는 일희니 그욕심만ᄒᆞᆫ것으로 사ᄅᆞᆷ의 ᄌᆡ리탐ᄒᆞ는것을 비유홈이오 다섯재는 비암이니 그ᄆᆞᄋᆞᆷ에 ᄭᅬ이기를 됴하ᄒᆞ는것으로 사ᄅᆞᆷ의 궤휼홈과 시비ᄒᆞ는것을 비유홈이오 여섯재는 호랑이니 그셩픔이 악ᄒᆞ고 힘과 용ᄆᆡᆼ이 잇는것으로 사ᄅᆞᆷ의 강포ᄒᆞᆫ것을 비유홈이오 닐곱재는 자라니 그뒤거름질홈으로 사ᄅᆞᆷ의 셩졍이 히타ᄒᆞ야 착ᄒᆞᆫ일을 힝ᄒᆞ야 나아가지못ᄒᆞ는것을 비유ᄒᆞᆫ것이오 ᄯᅩᄒᆞᆫ 그림에 사ᄅᆞᆷ이 십ᄌᆞ가에 못박혓스며 막닥이를 잡고 단졍히 안즌것은 예수를 ᄀᆞᄅᆞ친것이니 십ᄌᆞ가에 못박힌것은 예

수씌셔 사ᄅᆞᆷ을 ᄃᆡ신ᄒᆞ야 죄를 ᄃᆡ쇽ᄒᆞ시랴고 죽으심을 ᄀᆞᄅᆞ친것이오 막닥이를 잡고 단졍히 안즈신것은 왕의 모양이니 예수씌셔 쥬 되심을 비유ᄒᆞᆫ것이라 또 그림에 사ᄅᆞᆷ이 죽을ᄯᅢ에 죵용ᄒᆞ고 평안히 누엇ᄂᆞᆫᄃᆡ 텬ᄉᆞ가 와셔 그령혼을 영졉ᄒᆞᄂᆞᆫ것을 그렷ᄉᆞ니 이ᄂᆞᆫ 도를 밋은쟈가 세샹을 떠나ᄂᆞᆫ 경샹이오 또 그림에 사ᄅᆞᆷ이 죽을ᄯᅢ에 무셔워셔 ᄉᆞ면을 도라보며 방황ᄒᆞ매 마귀가 와셔 뎡죄ᄒᆞᄂᆞᆫ것을 그렷ᄉᆞ니 이ᄂᆞᆫ 악을ᄒᆡᆼᄒᆞ던쟈가 ᄉᆡᆼ명을 일흘ᄯᅢ의 경샹이라 이것을 보면 사ᄅᆞᆷ의 셩픔이 션ᄒᆞ며 션치안닌것은 각각 다르나 션ᄒᆞ며 악ᄒᆞᆫ쟈 되ᄂᆞᆫ것은 또ᄒᆞᆫ 사ᄅᆞᆷ의 ᄒᆡᆼᄒᆞᄂᆞᆫᄃᆡ 달닌줄 알것이라 그런고로 이명심도를 그렷ᄉᆞ니 사ᄅᆞᆷ마다 맛당히 아홉 그림가온ᄃᆡ ᄉᆞᄉᆞ로 뭇기를 내가 어ᄂᆞ그림에 쳐ᄒᆞ엿ᄂᆞ뇨 ᄒᆞ야 만일 올치못ᄒᆞᆫᄃᆡ 잇스면 속속히 곳쳐 하ᄂᆞ님의 도를밋고 예수의 공로를 의지ᄒᆞ면 가히 침륜을 면ᄒᆞ고 영ᄉᆡᆼ을 엇으리라

뎨일도

명심도

첫재 그림은 셰샹 사ᄅᆞᆷ의 ᄆᆞ음이 욕심에 빠짐을 의론ᄒᆞᆷ이라
녯경셔에 닐ᄋᆞᄃᆡ 군ᄌᆞ는 은밀ᄒᆞᆫᄃᆡ 조심ᄒᆞ야 스ᄉᆞ로속을가 념려ᄒᆞ고 쾌족ᄒᆞ기를 구ᄒᆞᆫ다 ᄒᆞ엿스니 ᄆᆞ음을 졍ᄒᆞ게ᄒᆞ고 뜻을 진실ᄒᆞ게ᄒᆞ라 면것모양을 ᄉᆞᆲ힐것이아니오 속ᄆᆞ음을 ᄉᆞᆲ혀은밀ᄒᆞᆫ ᄉᆡᆼ각을 졍ᄒᆞ게 ᄒᆞ여야 ᄒᆞᆯ것이라 만일졍욕이 니러나ᄂᆞᆫ것을 ᄉᆞᆲ히고 막지아니ᄒᆞ면 쟝ᄅᆡ에방ᄌᆞᄒᆞᆫᄆᆞ음을 좃차 망녕되히힝ᄒᆞ야 죄악에 깁히빠질것이나 이럼으로 이첫재그림에는 셰샹사ᄅᆞᆷ이 욕심에 빠진것을의론ᄒᆞ엿슨즉 외모로 말ᄒᆞ면 ᄆᆞᆰ고 온슌ᄒᆞ고 엄연ᄒᆞ야 단졍ᄒᆞᆫ모양이 잇슬지라도 속에는욕심이 분분히니러나 ᄆᆞ음을 뎡치못ᄒᆞᄂᆞᆫ지라 그런고로 교만ᄒᆞᆷ과 ᄌᆞ랑ᄒᆞᆷ과 음란ᄒᆞᆷ과 방탕ᄒᆞᆷ과 탐람ᄒᆞᆷ과 포학ᄒᆞᆷ과 싀긔ᄒᆞᆷ과 게으름이 것모양으로는 나타나지 아니ᄒᆞ엿스나 속ᄆᆞ음에는 ᄀᆞ득ᄒᆞ엿스니 셰샹풍속에도 ᄆᆞ음이 동ᄒᆞ기쉽거든 ᄒᆞ믈며 마귀가 그ᄆᆞ음가온ᄃᆡ 잇서 그 됴

명심도 十一

화ᄒᆞᄂᆞᆫ것으로 ᄡᅬ이니 이ᄯᅢ에 비록 셩신의 빗치 빗최이고 텬ᄉᆞ의 호위ᄒᆞᆷ이 잇슬지라도 그의 됴하ᄒᆞ지안ᄂᆞᆫ ᄎᆞᆷ리치로 그의 됴하ᄒᆞᄂᆞᆫ졍욕을 능히 밧골수 업ᄂᆞᆫ지라 그러나 아직 셩신이 ᄯᅥ나가지아니ᄒᆞᆷ은 힝혀나 회ᄀᆡᄒᆞᆯ긔회가 잇슬가 기ᄃᆞ림이오 텬ᄉᆞ가 ᄯᅥ나지아니ᄒᆞᆷ은 인도ᄒᆞ야 다시 도라오게 ᄒᆞᆯᄯᅢ가 잇슬가 ᄇᆞ람이라 그런고로 그후일에 죵ᄅᆡ 인도ᄒᆞᆷ을 밧지안코 슌종치 아니ᄒᆞ면 죄를 작뎡ᄒᆞᄂᆞ니라

둘재 그림은 셩신이 률법으로 사ᄅᆞᆷ의 ᄆᆞ음에 빗최임을 의론ᄒᆞᆷ이라 리치를 슌종ᄒᆞ면 평안ᄒᆞ고 욕심을 좃츠면 위티ᄒᆞ다 ᄒᆞ엿스니 리치와 욕심의 분간은 텬당과 디옥의 판단인줄 가히알지라 그런고로 이둘재 그림에는 셩신이 률법으로 사ᄅᆞᆷ의 ᄆᆞ음에 빗최임을 의론ᄒᆞ엿ᄂᆞᆫ듸 률법은 하ᄂᆞ님의 열가지 계명이니 사ᄅᆞᆷ이 만일 그률법을 진실히 직히면 리치는 졈졈 압흐로 나아가고 욕심은 졈졈물너가ᄂᆞ니라 그러나 특별히 근심ᄒᆞᆯ것은 리치에 맛당히 ᄒᆞᆯ것을 아지못ᄒᆞ고 망녕되히 힝ᄒᆞ면 졍

뎨이도

뎨삼도

ᄂᆞ그런고로 셩신이 률법을 가지고 사ᄅᆞᆷ의 ᄆᆞᄋᆞᆷ을 쌔와 스ᄉᆞ로 죄를 쎄닷고 률법을 준힝ᄒᆞ게 ᄒᆞᄂᆞ니라 이ᄯᅢ에 사ᄅᆞᆷ이 홀연히 쎄ᄃᆞ라 회기ᄒᆞ야 하ᄂᆞ님을 공경ᄒᆞ고 모든힝위에 춤리치를 슌종ᄒᆞ고 ᄆᆞᄋᆞᆷ의ᄉᆞ욕을 이긔여 텬당을 ᄉᆞ모ᄒᆞᄂᆞᆫ ᄆᆞᄋᆞᆷ으로 졈졈 압흐로 나아가 ᄆᆞᄋᆞᆷ눈이 ᄇᆞᆰ은빗출 밧아 ᄇᆞᆰ아지니 아직 마귀가 다 물너가지는 아니ᄒᆞ엿스나 모든악ᄒᆞᆫ것이 밧글 향ᄒᆞ야 ᄯᅥ나ᄂᆞᆫ지라 그런고로 사ᄅᆞᆷ이 능히 하ᄂᆞ님을 ᄃᆡ뎍지못ᄒᆞᆯ것이 맛치 불이 능히 물을 ᄃᆡ뎍지 못홈과 ᄀᆞᆺᄒᆞ니라

셋재 그림은 셩신이 복음으로 사ᄅᆞᆷ의 ᄆᆞᄋᆞᆷ에 빗최임을 의론홈이라 하ᄂᆞ님ᄭᅴ셔 각사ᄅᆞᆷ의게 올코 그른것을 분변ᄒᆞᄂᆞᆫ 량심을 주셧것마는 셰상사ᄅᆞᆷ이 물욕에 빠져 량심을 슌종치 안코 졍욕을 좃차 악ᄒᆞᆫ죄에 빠져 량심을 샹케ᄒᆞ엿스니 만일 죄를 회ᄀᆡᄒᆞ지아니ᄒᆞ면 량심을 좃차 힝ᄒᆞᆯ수 업ᄂᆞ니라 그런고로 이셋재 그림에는 셩신이 복음으로 사ᄅᆞᆷ의 ᄆᆞᄋᆞᆷ에 빗최이ᄂᆞᆫ것을 말ᄒᆞ엿ᄂᆞᆫᄃᆡ 대개 복음 두 글ᄌᆞ는 포함ᄒᆞᆫᄯᅳᆺ이 무

한히 넓으니 이는 구쥬예수ᄭᅴ셔 하ᄂᆞ님의 명을 밧들어 사ᄅᆞᆷ의 몸을 닙어 십ᄌᆞ가에 못박혀 사ᄅᆞᆷ의죄를 ᄃᆡ속ᄒᆞ셧ᄂᆞᆫᄃᆡ 그뎨ᄌᆞ들이 이복음을 괴록ᄒᆞ야 사ᄅᆞᆷ으로 ᄒᆞ여곰 보고 구쥬를 밋어 침륜을 면ᄒᆞ고 영싱을 엇게ᄒᆞᆷ이라 그러나 하ᄂᆞ님이 그ᄆᆞ음을 열어주지아니ᄒᆞ면 그ᄆᆞ음이 어두어질것이라 그런고로 밧그로 ᄭᆡ이ᄂᆞᆫ ᄉᆞ욕을 ᄇᆞ리고 량심을 보호ᄒᆞ랴면 셩신을 밧아 복음을 밋지안코ᄂᆞᆫ 결단코 ᄒᆞᆯ수업ᄂᆞᆫ지라 사ᄅᆞᆷ이 만일 깁히 궁구ᄒᆞ야 ᄎᆞᆷ리치를 좃고 ᄌᆞ긔의ᄉᆞ욕을 이긔면 ᄆᆞ음이 ᄇᆞᆰ고 빗나셔 쟝춧 모든욕심은 업서지고 여러마귀ᄂᆞᆫ 멀니ᄯᅥ나셔 어ᄃᆡ가던지 ᄎᆞᆷ리치를 좃차힝ᄒᆞ게 되ᄂᆞ니 엇지 아름답지 아니ᄒᆞ리오

넷재 그림은 사ᄅᆞᆷ이 예수를 만히 ᄉᆞ랑ᄒᆞᆷ으로 죄 샤ᄒᆞᆷ을 만히 엇음을 의론ᄒᆞᆷ이라

ᄉᆞ욕을 업시ᄒᆞ랴면 하ᄂᆞ님의 ᄎᆞᆷ리치를 좃ᄂᆞᆫᄃᆡ 잇다ᄒᆞ엿스니 그런즉 ᄉᆞ욕을 ᄇᆞ리고져ᄒᆞᄂᆞᆫ자는 ᄆᆞᆺ당히 몬져 예수를 밋을것이라 그런고로

명심도 十四

뎨ᄉᆞ도

뎨오도

이 ᄆᆞ음속에 잇고 ᄯᅩᄒᆞᆫ 텬ᄉᆞ가 두비셕을 ᄀᆞᄅᆞ쳐 하ᄂᆞ님의 십계명을 보이며 ᄯᅩ ᄒᆞᆫ복음을 젼ᄒᆞ야 엇더케 밋을것과 쟝리에 사ᄅᆞᆷ의힝ᄒᆞᆫ대로 심판ᄒᆞᆯ것을 ᄀᆞᄅᆞ쳐주ᄂᆞᆫ것이오 ᄯᅩᄒᆞᆫ 그비셕에 글ᄌᆞ를 지운것과 대조 나무가지를 잡은것은 밋ᄂᆞᆫ사ᄅᆞᆷ이 평안ᄒᆞ게 된것을 비유ᄒᆞᆷ이라 비록 쥬를 밋기젼에는 리치를 거역ᄒᆞ야 망녕되히 힝ᄒᆞᆷ으로 하ᄂᆞ님과 원슈가 되엿ᄉᆞ나 지금은 쥬를밋고 거짓것은 ᄇᆞ리고진실ᄒᆞᆫ것을 좃ᄎᆞᆷ으로 하ᄂᆞ님과 다시 화친ᄒᆞ야 ᄆᆞ음이 헛된ᄃᆡ로 다라나지 아니ᄒᆞ니 엇지 아름답지 아니ᄒᆞ리오

다ᄉᆞᆺ재 그림은 셰상풍쇽을 인ᄒᆞ야 령심됨을 의론ᄒᆞᆷ이라 참리치와 ᄉᆞ욕이 ᄒᆞᆷᄭᅴ 서지못ᄒᆞᄂᆞᆫ것은 분명ᄒᆞᆫ일이라 그런고로 ᄆᆞ음이 참리치를 좃차나가면 ᄉᆞ욕이 물너가고 ᄆᆞ음에 참리치를 ᄉᆞ모ᄒᆞᄂᆞᆫ것이 적으면 ᄉᆞ욕이 모혀드러오ᄂᆞ니라 그런고로 이 다ᄉᆞᆺ재 그림에ᄂᆞᆫ 령심된쟈의 형편을 ᄀᆞᄅᆞ친것이라 ᄆᆞ음가온ᄃᆡ 임의 셩신이 ᄯᅥ난고로

졍욕이 긔회를 엿보니 만일 ᄒᆞᆫ번만 ᄆᆞᄋᆞᆷ을 노ᄒᆞ면 모든 마귀무리가 드러오리니 비록 ᄆᆞᄋᆞᆷ에 십ᄌᆞ가는 잇스나 예수는 업스니 다만 겻모양 뿐이오 속ᄆᆞᄋᆞᆷ에 진실ᄒᆞᆫ것은 업고 ᄌᆞ긔의 ᄉᆞᄉᆞ지혜를 좃차 셩신의경계를 어그러치면 도리의맛은 날노 슴슴ᄒᆞ고 셰샹맛은 날노 ᄃᆞᆯ아가셔 거짓ᄉᆡᆼ각과 밋친힝실이 니러나ᄂᆞ니 닐은바 ᄉᆡᆼ각지아니ᄒᆞ면 밋친사ᄅᆞᆷ이 된다 ᄒᆞ엿슨즉 엇지 조심치 아니ᄒᆞ리오 다힝히 모든악이 밧게만 잇고 드러오기젼에 부지런히 ᄉᆞᆲ혀 조심ᄒᆞ야 텬ᄉᆞ가 ᄯᅥ나고져ᄒᆞᄂᆞᆫ것을 붓잡아 텬ᄉᆞ의 권고ᄒᆞᄂᆞᆫ 뜻을 슌종ᄒᆞ면 마귀의 ᄭᅬ임을 이긔고 죄에 ᄲᅡ지지아니ᄒᆞ리니 엇지 셔ᄃᆞᆺ지아니ᄒᆞ리오

여섯재 그림은 사ᄅᆞᆷ의 ᄆᆞᄋᆞᆷ에 마귀를 쥬로삼아 복죵ᄒᆞᆷ을 의론ᄒᆞᆷ이라

도를 비반ᄒᆞ고 ᄉᆞ욕을 좃ᄂᆞᆫ쟈는 가히 곳칠방칙이 업스니 대개 그량심이 어두어디고 악ᄒᆞᆫᄉᆡᆼ각이 불닐듯ᄒᆞ야 하ᄂᆞ님의계명과 예수의복음은

뎨륙도

뎨칠도
六七八九十
一二三四五

인도흠을 바지아닌것은 아니나 그후에 점점 ᄉᆞ욕에 ᄲᅡ져 다시 마귀의게로 도라갓ᄂᆞ니라 지금은 그ᄆᆞ음에 마귀만 복죵ᄒᆞ니비록 텬ᄉᆞ의 권계흠이 잇슬지라도 좃지안코 셩신의 빗치 빗최여도 ᄭᆡ둣지못ᄒᆞ야 량심은 점점 업서지고 졍욕이 ᄀᆞ득히찻스니 이ᄯᅢ에는 마귀의지휘를 좃차 교만과 간음과 싀긔와 사오나옴과 탐람ᄒᆞᆫ 여러가지 악ᄒᆞᆫ 일을 망녕되히 힝ᄒᆞ니 텬ᄉᆞ는 근심ᄒᆞᄂᆞᆫ ᄆᆞ음으로 ᄂᆞᆯᄀᆡ를 ᄯᅥᆯ치고 놀아가는지라 다른 사름은 뎌를 가석ᄒᆞ게 녁이지아니ᄒᆞᄂᆞᆫ이 업스되 뎌는닐곱가지 졍욕이 ᄆᆞ음에 ᄀᆞ득ᄒᆞᆫ지 오랜고로 슯허ᄒᆞᄂᆞᆫ모양ᄭᅥ지 업고 ᄆᆞ음에 ᄇᆞᆰ은빗치 다업서졋스니 엇지 ᄆᆞ음을 도로켜 회ᄀᆡᄒᆞ기를 ᄇᆞ라리오

닐곱재 그림은 밋지 안ᄂᆞᆫ쟈 죽을ᄯᅢ의 졍상을 의론흠이라 도를독실히 밋지아니ᄒᆞ면 엇지 복이 잇스며 화가 업스리오 그런고로 맛당히 도를 독실히 밋고 잠시라도 ᄇᆞ리지 못ᄒᆞᆯ것이라 그런고로 이 닐곱재 그림에는 밋지 안ᄂᆞᆫ쟈가 병들어 죽ᄂᆞᆫ형상을 그렷ᄂᆞᆫᄃᆡ 그육신

은 곳칠수업는병으로 착혹ᄒᆞ게 신고ᄒᆞ고 그령혼은 죄가 즁대ᄒᆞᆫ고로 다시 버서날 방칙이 업는지라 이때에는 량심이 쎠여셔 죽으면 곳 심판 밧을줄 알고 극히 무셔워ᄒᆞ는지라 또 마귀가 와셔 손에 십계명쓴칙 을 들고 그평싱 지은죄를 낫낫치 질문ᄒᆞ야 긔록ᄒᆞ니 일노 말미암아 ᄆᆞ음에 ᄇᆞ람이 ᄭᅳᆫ허져 ᄉᆞ면으로 도라보며 방황ᄒᆞ야 구원ᄒᆞᆷ을 구ᄒᆞ고 져 ᄒᆞ되 ᄆᆞᆺ침ᄅᆡ 엇지못ᄒᆞ고 다만 디옥에 영원ᄒᆞᆫ 불이 곳 눈압헤 잇는 지라 비록 셩젼에는 부귀영광이 ᄀᆞ득ᄒᆞ엿스나 그것을 인ᄒᆞ야 디옥 형벌을 면ᄒᆞᆯ수업스니 셩젼에 연락ᄒᆞ기만 됴하ᄒᆞ고 셰샹졍욕에 ᄲᅡ져 비록 예수의 복음을 드럿스나 ᄯᅳᆺ밧게 둔고로 지금은 그죄를 인ᄒᆞ야 영원ᄒᆞᆫ ᄉᆞ망을 면치못ᄒᆞ게 되엿스니 가셕ᄒᆞ도다 더가 셰샹영광을 탐 ᄒᆞᆯ때에야 엇지 이ᄀᆞᆺ치 형벌밧을줄을 알앗스리오 이때에는 텬ᄉᆞ 가 슯흔모양으로 ᄯᅥ나가고 여러마귀가 모혀와셔 그령혼을 영졉ᄒᆞ는지라 슯흐다 사ᄅᆞᆷ이 구쥬를 비반ᄒᆞ야 스ᄉᆞ로 근심을 셰치는도다

뎨팔도

인이 ᄒᆞ나식 잇스나 예수를 진실ᄒᆞ 밋ᄂᆞᆫ자의 ᄆᆞᄋᆞᆷ에는 예수가 주인
이되고 밋지안ᄂᆞᆫ 사ᄅᆞᆷ의 ᄆᆞᄋᆞᆷ에는 마귀가 쥬인이 되ᄂᆞ니라 이여ᄃᆞᆲ재
그림에는 밋ᄂᆞᆫ자가 ᄆᆞᄋᆞᆷ에 예수를 쥬로삼아 복죵ᄒᆞᄂᆞᆫ 형상을 그린거
시니 그손에 금집힝이를 잡고 단정히 안즌이는 예수인ᄃᆡ 하ᄂᆞ님ᄭᅴ셔
특별히 영광스러온 권세를 주어 십계명을 가지고 ᄆᆞᄋᆞᆷ을 직혀 보호
케 ᄒᆞ심이니 우리가 맛당히 분분ᄒᆞᆫ 졍욕을 ᄉᆞᆯ허ᄇᆞ릴거시라 예수ᄭᅴ셔
지금 밋ᄂᆞᆫ자의 거륵ᄒᆞ신 쥬되신거슬 ᄉᆡᆼ각ᄒᆞ면 젼에 십ᄌᆞ가에 못박히
던때와 비교ᄒᆞᆯ수 업스니 대개 젼에는 고난을 밧아 목숨을 ᄇᆞ렷스되
지금은 영원ᄒᆞᆫ 권세와 복을 누림이라 사ᄅᆞᆷ이 만일 하ᄂᆞ님의 넓으신
은혜를 긔억ᄒᆞ면 뎐ᄉᆞ의 도와줌을 닙어 구쥬의 계명을 직히고 다시
는 ᄉᆞ욕에 ᄲᅡ지지 안ᄂᆞ니라 그림 가온ᄃᆡ 비셕에 글ᄌᆞ가 업ᄂᆞᆫ거슨 예수
ᄭᅴ셔 온젼히 ᄃᆡ속ᄒᆞ심이라 비록 마귀가 와셔 악ᄒᆞᆫ욕심이 밧그로 돌며
긔회를 엿보와 드러오려 ᄒᆞ나 예수ᄭᅴ셔 ᄆᆞᄋᆞᆷ에 계셔 쥬된고로 모든
셰상졍욕이 다 ᄉᆞᆯ허지ᄂᆞ니라

명심도 十九

명심도

아홉재 그림은 밋ᄂᆞᆫ사ᄅᆞᆷ이 죽을ᄯᅢ의 형샹을 의론홈이라

살기를 됴하ᄒᆞ고 죽기를 슬혀홈은 사ᄅᆞᆷ의 ᄯᅥᆺᄯᅥᆺᄒᆞᆫ 졍이오 ᄯᅩ 살아셔 평안ᄒᆞ고 죽어셔 평안ᄒᆞᆫ것은 사ᄅᆞᆷ의 즐거워ᄒᆞᄂᆞᆫ 일이니 이ᄂᆞᆫ 도를 밋ᄂᆞᆫ자가 온젼히 ᄉᆞ모ᄒᆞᄂᆞᆫ것이라 이아홉재 그림에ᄂᆞᆫ 예수를 독실히 밋고 죽ᄂᆞᆫ쟈의 형샹을 그렷ᄂᆞᆫᄃᆡ 몸에 병이 즁ᄒᆞ야 죽게되엿스나 조곰도 두려워ᄒᆞ지 안코 비록 죽은후에 심판이 잇슬줄 알되 예수ᄭᅴ셔 말ᄉᆞᆷᄒᆞ시기를 내말을 듯고 나보내신이를 밋ᄂᆞᆫ자ᄂᆞᆫ 영ᄉᆡᆼ을 엇고 죄를 뎡치아니ᄒᆞ리라 ᄒᆞᆫ 말ᄉᆞᆷ을 ᄉᆡᆼ각ᄒᆞ고 평안ᄒᆞᆫ ᄆᆞᄋᆞᆷ으로 기ᄃᆞ리ᄂᆞᆫ지라 그ᄯᅢ에 친쳑과 친구를 ᄯᅥ나기 어려우나 그러나 후에 텬당에셔 다시 맛날 긔약이 잇슬것을 ᄉᆡᆼ각ᄒᆞ고 과히 근심ᄒᆞ지안ᄂᆞᆫ지라 그런고로 모든사ᄅᆞᆷ이 더를 위ᄒᆞ야 긔도ᄒᆞᆯᄯᅢ에 더가 곳ᄀᆞᆯᄋᆞᄃᆡ 쥬 예수ᄭᅴ셔 내령혼을 영졉ᄒᆞ옵쇼셔 ᄒᆞ고 말을 필ᄒᆞᆫ후에 ᄯᅥ나니 이에 구쥬 예수ᄭᅴ셔 텬ᄉᆞ를 보내여 령혼을 영졉ᄒᆞ야 하ᄂᆞᆯ에 올나가 영원ᄒᆞᆫ복을 누리니 아름답다 이디경이여 복이로다 이사ᄅᆞᆷ이여 션ᄒᆞ면 션ᄒᆞᆫ 갑홈이 잇

텨구도

녯시ᄃᆡ에는 노ᄭᅳᆫ을 ᄆᆡ자 일을 표ᄒᆞ여 긔록ᄒᆞ더니 후셰에는 글노 일을 긔록ᄒᆞᄂᆞ니 대개 오래면 어그러져 니져ᄇᆞ릴가 념려ᄒᆞᆷ으로 ᄎᆡᆨ에긔록ᄒᆞ야 만셰에 유젼ᄒᆞ게ᄒᆞᄂᆞ니라 이우에 명심도에 하ᄂᆞ님과 마귀를 분별ᄒᆞ고 션과 악을 판단ᄒᆞ여 낸것은 사ᄅᆞᆷ의게 ᄇᆞᆰ히 ᄀᆞᄅᆞ쳐 보여 후셰에 유젼ᄒᆞ야 도를 본밧아 션을 좃고 도를 어긔여 악을 힝치안케 ᄒᆞᆫ것이라 시험ᄒᆞ야보건대 그림 가온ᄃᆡ 셩신과 텬ᄉᆞ는 하ᄂᆞ님ᄭᅴ셔 보내신것이오 셩경과 계명쓴 비셕은 다 구쥬를 지시ᄒᆞᆫ것이오 십ᄌᆞ가에 못박힌 형샹은 ᄯᅩ 그 몸을 나타내게ᄒᆞᆫ 법이니 대개 넓은 텬하로 ᄒᆞ여곰 다 마귀를 멀니ᄒᆞ고 하ᄂᆞ님을 친히ᄒᆞ며 졍욕을 ᄭᅳᆫ코 지극히 션ᄒᆞᆫᄃᆡ 도라가게 ᄒᆞ교져ᄒᆞᆷ이라 그러나 후셰사ᄅᆞᆷ을 ᄭᆡᄃᆞᆺ게ᄒᆞ려면 몬져 강론ᄒᆞ야 ᄇᆞᆰ히지 아니ᄒᆞ면 될수업ᄂᆞᆫ고로 그림밧게 ᄯᅩᄒᆞᆫ 분명히 ᄀᆞᄅᆞ쳐 사ᄅᆞᆷ의 ᄆᆞᄋᆞᆷ을 ᄌᆞ셰히 ᄡᅥ왓ᄂᆞ니라 내가 이글을 닑을ᄯᅢ에 우연

명심도 二十一

히 탄식ᄒᆞ기를 ᄆᆞᄋᆞᆷ의 신과 마귀와 션과 악이 이ᄀᆞᆺ치 샐나 감동ᄒᆞᄂᆞᆫ도다 대개 션ᄒᆞᆫᄆᆞᄋᆞᆷ이 ᄒᆞᆫ번 동ᄒᆞ면 셩신의 빗치 빗최이고 악ᄒᆞᆫᄉᆡᆼ각이 ᄒᆞᆫ번 나면 마귀가 긔회를 ᄐᆞ셔 그동류를 다리고 샐니 드러오ᄂᆞᆫ지라 녯날 양쥬가 가랑가지 길을 당ᄒᆞ야 운것과 묵뎍이 물든실을 슯허ᄒᆞᆫ것이 그소견이 이와ᄀᆞᆺ도다 그런고로 쥬역에닐ᄋᆞ되 조고마ᄒᆞᆫ 션ᄒᆞᆫ것은 유익ᄒᆞᆯ것이 별노 업스니 ᄒᆞ지안켓다 말며 조고마ᄒᆞᆫ 악ᄒᆞᆫ것은별노 해로올것 업스니 ᄒᆞ겟다 ᄒᆞ지말나 ᄒᆞ엿고 또 ᄀᆞᆯᄋᆞ되 착ᄒᆞᆫ말을내면 쳔리밧게셔 듸답ᄒᆞ고 악ᄒᆞᆫ말을 내면 쳔리밧게셔 어그러진다ᄒᆞ엿스니 말ᄒᆞᄂᆞᆫ것도 이ᄀᆞᆺ거든 ᄒᆞ믈며 ᄆᆞᄋᆞᆷ의 발ᄒᆞᄂᆞᆫ것과 몸의 ᄒᆡᆼᄒᆞᄂᆞᆫ것이야 말ᄒᆞᆯ소냐 그런즉 악을 ᄇᆞ리고 션을 좃차 ᄆᆞᄋᆞᆷ을 ᄇᆞᆰ히여텬셩을 볼ᄆᆞᄋᆞᆷ이 잇ᄂᆞᆫ쟈ᄂᆞᆫ 맛당히 그림을 보고 ᄉᆞᄉᆞ로 슯히며 깁히 ᄉᆡᆼ각ᄒᆞᆯ것이라 다만 이그림에 긔록ᄒᆞᆫ것이 리치가 온젼치못ᄒᆞᆫ것이잇스나 만일 예수의 복음이아니면 그오묘ᄒᆞᆫ 뜻을 ᄇᆞᆰ히지 못ᄒᆞᆯ

수ᄭᅴ셔 텬하만국에 구쥬가 되니 무론 동셔인민ᄒᆞ고 ᄉᆞ랑ᄒᆞᄂᆞᆫ쟈는 다
그 일홈을힘닙어 죄샤ᄒᆞᆷ을 엇음이라 그ᄯᆡ에 쥬ᄭᅴ셔모든 고난을다밧
고 졂어셔십ᄌᆞ가에 몸을ᄇᆞ려 사름을 ᄃᆡ신ᄒᆞ야 죽엇다가후에다시살아
ᄇᆞᆰ은낫에 하ᄂᆞᆯ에 올나가 하ᄂᆞ님우편에 안지샤 심히 셰샹사름을 구
원ᄒᆞ시니 그본심이 ᄇᆞᆰ지 아니ᄒᆞ면 엇지 이러ᄒᆞ리오

명심도 二十三

印刷人 鄭敬德

京城府西大門町二丁目一三九

印刷所 基督教彰文社印刷部

京城鍾路

發行所 朝鮮耶穌教書會

電話光化門二七五番

振替貯金口座京城四〇八一番